Chispas 1

Pupils' Book

Rosa María Martín & Martyn Ellis

Heinemann

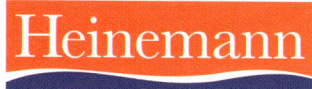

Heinemann Educational Publishers
Halley Court, Jordan Hill, Oxford OX2 8EJ
A part of Harcourt Education Limited

OXFORD MELBOURNE AUCKLAND
JOHANNESBURG GABORONE KUALA LUMPUR
PORTSMOUTH (NH) USA CHICAGO

© Harcourt Education Limited 2005

This edition published 2005

All rights reserved. Apart from any fair dealing for the purposes of criticism or review as permitted under the UK Copyright, Designs and Patents Act, 1988, this publication may not be reproduced, stored or transmitted, in any form or by any means, without the prior permission in writing of the publishers, or in the case of reprographic reproduction only in accordance with the terms of the licences issued by the Copyright Licensing Agency in the UK, or in accordance with the terms of licences issued by the appropriate Reproduction Rights Organization outside the UK. Enquiries concerning reproduction outside the terms stated here should be sent to the publishers at the United Kingdom address printed on this page.

ISBN 0435 984 829

09 08 07 06 05
10 9 8 7 6 5 4 3 2 1

British Library Cataloguing in Publication Data
A full catalogue record for this book is available from the British Library.

Acknowledgements:
Photographs courtesy of: Robert Harding (Madrid and Havana, page 31); Alamy (Mexico City, page 31); Lonely Planet Images (Bogota, page 31; Carnival, page 46, Easter procession, page 49 and the Day of the Dead, page 47); Reuters (The three kings, page 46).
All songs written by Rosa María Martín.

Concept and production by Myra Murby, Start to Finish Publishing Ltd
Illustrations by Ruth Palmer and Carol Jonas

Grateful thanks are extended to Martha Corbett-Baugh and Maria Seymour for their contributions to the development of this material, which are highly appreciated.

Printed and bound in the UK by Scotprint, Haddington, East Lothian.

Visit our Caribbean Schools website at: www.caribbeanschools.co.uk

Introduction

¡Hola, niños y niñas!

Have a look at a map of the countries all around you. Can you guess how many of these countries are Spanish-speaking? There are about 400 million Spanish speakers all over the world, so Spanish is a very useful language to know.

Do you want to meet some Spanish speakers and visit a Spanish-speaking country like Cuba? If so, here's your chance to learn some Spanish to talk about the things you do every day. You'll learn how to talk about yourself and your family, you'll learn the words for things at school, the names of animals and useful things like numbers, colours, days of the week, months, food and drink, and clothes. You'll also learn about different countries and cities as well as famous festivals in the Spanish-speaking world.

In this course, you'll have lots of chances to listen to people speaking Spanish and to speak it yourself. And you'll have some fun along the way.

¡Adiós! y ¡Buena suerte!

 This symbol tells you to listen to the CD that comes with this book. Listening to Spanish will be an important part of your lessons.

Chispas 1

Contents

#		Page
1	**¡Hola!** Vamos a decir *hola* y *adiós* en español Let's say *hello* and *goodbye* in Spanish	6
2	**¿Cómo te llamas?** Vamos a preguntar y a decir quiénes somos Let's ask and say who we are	8
3	**¿Cómo estás?** Vamos a preguntar y a decir cómo estamos Let's ask and say how we are	10
4	**La mochila** Vamos a hablar de lo que tienes en la mochila Let's talk about what's in your school bag	12
5	**Uno, dos y tres** Vamos a practicar los números del 0 al 12 Let's practise numbers from 0 to 12	14
6	**A-B-C-dario** Vamos a practicar el abecedario español Let's practise the Spanish alphabet	16
7	**Pasando lista** Vamos a practicar las instrucciones en la clase Let's practise instructions in class	18
8	**Mi clase** Vamos a hablar de las cosas de la clase Let's talk about things in the classroom	20
9	**Mi familia** Vamos a hablar de la familia Let's talk about the family	22
10	**Mis animales** Vamos a hablar de los animales Let's talk about animals	24
11	**Los colores** Vamos a aprender los colores Let's learn some colours	26

12	**¿Dónde vives? Los países**	28
	Vamos a aprender los nombres de varios países	
	Let's learn the names of different countries	
13	**Mi ciudad**	30
	Vamos a aprender algo sobre algunas capitales	
	Let's learn about some capital cities	
14	**Los animales de la selva**	32
	Vamos a aprender los nombres de más animales	
	Let's learn the names for more animals	
15	**¿Cuántos años tienes? Más números**	34
	Vamos a aprender a decir cuántos años tienes	
	Let's learn how to say how old you are	
16	**¿Qué día es hoy?**	36
	Vamos a decir los días de la semana	
	Let's say the days of the week	
17	**¡Feliz cumpleaños!**	38
	Vamos a hablar de los meses y de los cumpleaños	
	Let's talk about months and birthdays	
18	**¡Me gusta el chocolate!**	40
	Vamos a hablar de comida y bebida	
	Let's talk about food and drink	
19	**Mi ropa favorita**	42
	Vamos a hablar de ropa	
	Let's talk about clothes	
20	**Repaso**	44
	Vamos a practicar nuestro español	
	Let's practise our Spanish	
21	**¡Fiestas!**	46
	Vamos a aprender algo sobre fiestas famosas	
	Let's learn about some famous festivals	

1 ¡Hola!

Vamos a decir *hola* y *adiós* en español
Let's say hello and goodbye in Spanish

1a Lee y escucha. Read and listen.

b Escucha y repite. Listen and repeat.

Caja de palabras

¡Hola!	Hello!
Buenos días	Good morning
Buenas tardes	Good afternoon / Good evening
Buenas noches	Goodnight
¡Adiós!	Goodbye!

2a Tu amigo/a indica un dibujo. ¿Qué dices?

Your friend points to a picture. What do you say?

 b Copia y termina las frases.

Copy and complete the phrases.

1 Buenos _____   4 A _____
2 Buenas tar _____   5 Ho _____
3 Buenas no _____

 c Escucha y comprueba. Listen and check.

 **3** La canción. Song.

Buenos días, buenas tardes
Hola, hola
Buenas tardes, buenas noches
Adiós, adiós.

¿Cómo te llamas?

Vamos a preguntar y a decir quiénes somos
Let's ask and say who we are

 1a Lee y escucha. Read and listen.

¡Hola!
Me llamo María.
¿Y tú?

¡Hola!
Me llamo Pedro.

b Ahora tú. Di tu nombre. Now you. Say your name.

¡Hola! Me llamo _____.

 2a Escucha y lee los nombres en español.

Listen and read the Spanish names.

Luis   Ana   José   Isabel

 b Escucha. ¿Quién habla? Escribe en tu cuaderno.

Listen. Who is speaking? Write the names in your exercise book.

1 _____ 2 _____ 3 _____ 4 _____

c Habla. Escoge una foto y di el nombre.

Speak. Choose a photo and say the name.

3a Lee y escucha. Read and listen.

¿Cómo te llamas?

Me llamo José. ¿Y tú?

Me llamo Isabel.

b Copia las palabras y completa las frases en tu cuaderno.
Copy the words and complete the sentences in your book.

¿Cómo te _____?

Me _____ Ana. ¿Y tú?

Me _____ Luis.

Caja de palabras

¿Cómo te llamas?	What's your name?
Me llamo …	My name is …
¿Y tú?	And you?

c Habla con tu amigo/a. Talk to your friend.

Tú: ¡Hola! ¿Cómo te llamas?
Amigo/a: Me llamo _____. ¿Y tú?
Tú: Me llamo _____.

4 La canción.

¡Hola! ¿Cómo te llamas?   ¡Hola! ¿Cómo te llamas?
Me llamo Juan. ¿Y tú?   Me llamo Chus.

3 ¿Cómo estás?

 Vamos a preguntar y a decir cómo estamos
Let's ask and say how we are

1a Lee y escucha. *Read and listen.*
¿Cómo estás?

bien   **regular**   **mal**

b Lee y repite. *Read and repeat.*

2a Indica cada dibujo y di *bien*, *mal* o *regular*.
Point to each picture and say bien, mal or regular.

a    b   c    d    e

b Escucha y comprueba. *Listen and check.*

c Practica. Indica un dibujo y pregunta: ¿Cómo estás?
Tu amigo/a responde: bien / regular / mal.
Practise. Point to a picture and ask your friend: ¿Cómo estás? Your friend replies accordingly.

3a Lee y escucha la conversación.

Read and listen to the conversation.

- Buenos días, maestro.
- Me llamo Pedro.
- Bien, gracias.
- Buenos días, niño.
- ¿Cómo te llamas?
- ¿Cómo estás, Pedro?

 b Escucha la conversación entre la maestra y María y practica con tu amigo/a. Listen to the conversation between the teacher and María and practise with your friend.

c Copia la conversación con tu nombre.

Copy the conversation. Put in your name.

Caja de palabras

¿Cómo estás?	How are you?
bien / mal / regular	fine / terrible / not bad
maestro / maestra	teacher (man/woman)
señor / señora	Sir / Miss
niño / niña	boy / girl
nuevo / nueva	new

 4 La canción.

¿Cómo estás? Bien o mal.
Regular.
¿Cómo estás? Bien o mal.
Bien, gracias.
¿Cómo estás? Bien o mal.
Mal, mal, mal.

4 La mochila

 **Vamos a hablar de lo que tienes en la mochila**
Let's talk about what's in your school bag

 **1a Lee, escucha y repite. ¿Qué hay en la mochila de Juan?**
Read, listen and repeat. What is in Juan's bag?

1 un lápiz
2 un marcador
3 un sacapuntas
4 un bolígrafo
5 una goma
6 un cuaderno
7 una regla
8 un libro

 **b Tapa las palabras: escucha e indica el dibujo.
Lee y comprueba.** Cover the words: listen and point
to the picture. Read and check.

 Caja de palabras

un lápiz	a pencil	una goma	a rubber
un marcador	a felt-tip pen	un cuaderno	an exercise book
un sacapuntas	a pencil sharpener	una regla	a ruler
un bolígrafo	a ballpoint pen	un libro	a book

> **Caja de gramática**
>
> Most masculine words end in **o** and feminine ones in **a**:
> 'a' or 'an' is **un** with masculine nouns and **una** with feminine ones.
>
> | MASCULINO | FEMENINO |
> |---|---|
> | un cuadern**o** | una gom**a** |
> | un bolígraf**o** | una regl**a** |
>
> Some nouns end in **z, r, s.** Learn if they are masculine or feminine.
> **Example:** un lápiz

2a Indica un objeto (de 1a) y tu amigo/a dice el nombre.

Point to an object from 1a and your friend says its name.

¿Qué es ésto?
Es una goma.

b El objeto misterioso. ¿Qué es? Escribe en tu cuaderno.

The mysterious object. What is it? Write it in your exercise book.

1 2 3 4 5

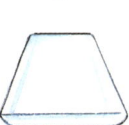  

3 La canción. Completa las palabras en tu cuaderno y canta.

Song. Finish the words in your exercise book and sing.

¿Qué es ésto? ¿Qué es ésto?
Es un lá_____, una go_____
un bo_____, un mar_____
un cua_____, un saca_____
Es la clase de español.
¡La mejor!

ma
cador
piz
derno
lí(grafo)
puntas

Uno, dos y tres

Vamos a practicar los números del 0 al 12
Let's practise numbers from 0 to 12

 **1a** Los números del equipo de fútbol Chispas. Escucha y repite.
The numbers of the Chispas football team. Listen and repeat.

b Une los números con las palabras.

Join the numbers to the words.

doce	tres	5	6	9	10	seis	siete
nueve	cinco	11	2	1	4	ocho	diez
uno	once	3	7	12	8	dos	cuatro

  ¿Qué sueñan? Escucha. What are they dreaming about? Listen.

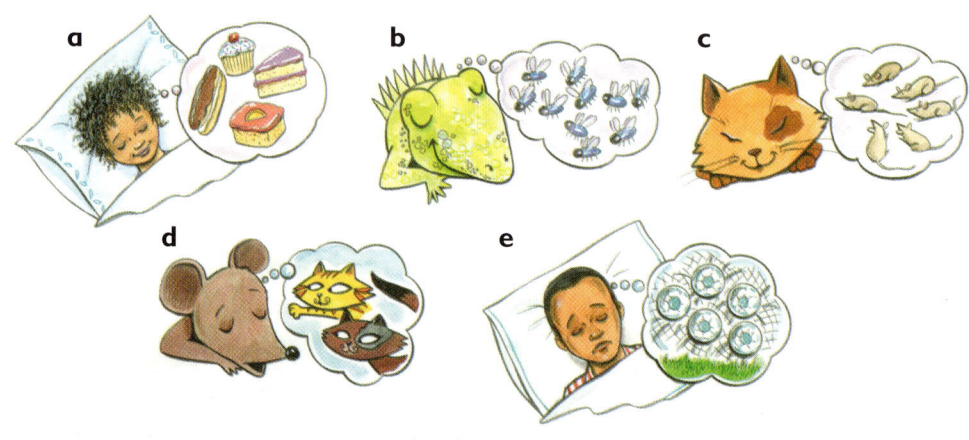

b Cuenta las cosas que sueñan en voz alta.

Count the things they dream about out loud.

Ejemplo: c uno, dos, tres…

3a Copia y completa las palabras.

Copy and complete the words.

1) o _ _ o   3) d _ _ e   5) s _ _ t _   7) t _ _ s

2) n _ _ v _   4) _ n _ _   6) c _ _ t r _   8) s _ _ s

b Prepara más números para tu amigo/a.

Prepare more numbers for your friend to complete.

Ejemplo: _ r e _ = tres

4 La canción.

uno, dos, tres,
cuatro, cinco, seis,
siete,
ocho,
nueve y diez

 A-B-C-dario

 Vamos a practicar el abecedario en español
Let's practise the Spanish alphabet

 **1a** Escucha y repite las vocales. *Listen and repeat the vowels.*

  a e i o u

 b Escucha y termina los nombres con las vocales.
Copia en tu cuaderno. *Listen and complete the names with the vowels. Copy into your book.*

Ejemplo: T __ R __ S __ = TERESA.

1 __ N __   3 P __ D R __   5 __ V __
2 L __ __ S   4 D __ V __ D   6 __ L __ S __

  c Canta la canción del 'aeiou'. *Sing the 'aeiou' song.*

A – E – I – O – U
MÁS SABE EL BURRITO
QUE TÚ

  d Escucha y completa las palabras. Copia en tu cuaderno.
Listen and complete the words. Copy them into your book.

1 H __ L __   3 B __ __ N __ S D __ __ S   5 A D __ __ S
2 R __ G __ L __ R   4 M __ LL __ M __   6 ¿C __ M __ __ ST __ S?

2a Escucha el abecedario y repite. Listen to the alphabet and repeat.

 b Canta la canción del abecedario. Sing the alphabet song.

 c Copia las letras en tu cuaderno. Escucha y marca.

Copy the letters into your exercise book. Listen and tick the letters you hear.
Ejemplo: S

d Deletrea tu nombre y los nombres de tres amigos/as.
Tu amigo/a escribe. Spell your name and the names of three friends.
Your friend writes the names.

 3 Escucha. Indica el objeto. Listen. Point to the object in the picture.

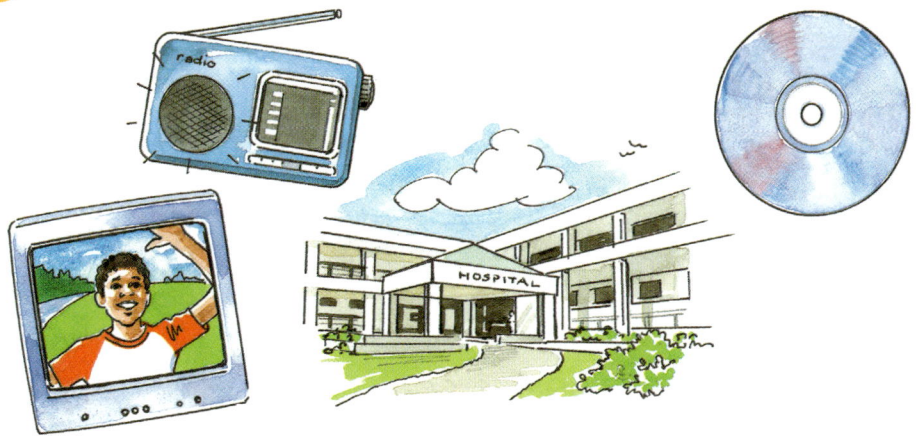

7 Pasando lista

 Vamos a practicar las instrucciones en la clase
Let's practise instructions in class

1a Escucha a la maestra: ¿qué niños hay en la clase?
Listen to the teacher. Which children are in class? (✓)
Which children aren't in class? (✗)

1 Luis
2 Ana
3 José
4 Isabel
5 Elena
6 Elisa
7 María
8 Pedro

b Lee, copia y completa. Read, copy and fill in the gaps.

1 Hay _____ niños en mi clase.
2 Hay _____ niños en mi clase hoy.
3 Hay _____ niñas en mi clase hoy.

c Escucha a la maestra que deletrea 5 nombres de la lista. ¿Qué nombres son? Listen to the teacher spelling five names from the list. Which names are they?

> **Caja de gramática**
>
> Hay = There is / There are
> Hay ocho niños en mi clase. There are eight children in my class.
> To make a plural, add s: niño – niños.
>
> If there are only boys, use niños. If there are only girls, use niñas.
> If there is a mixture of boys and girls, use niños.

Las instrucciones. Une la palabra con el dibujo.

Instructions. Join an instruction (a–i) with a picture (1–9).

a escucha
b habla
c lee
d abre el cuaderno
e escribe
f levántate
g siéntate
h cierra el cuaderno
i silencio

b Tu amigo/a dice una instrucción. Indica el dibujo.

Your friend gives an instruction. Point to a picture.

c Tú dices una instrucción. Tu amigo/a la hace.

You give an instruction. Your friend follows it.

Caja de palabras

escucha	listen	habla	speak	lee	read
abre	open	cierra	close	silencio	silence
levántate	get up	siéntate	sit down	escribe	write

8 Mi clase

Vamos a hablar de las cosas de la clase
Let's talk about things in the classroom

1a Mira el dibujo de la clase y lee las palabras. Escucha y repite. Look at the picture of the class and read the words. Listen and repeat.

- unas ventanas
- un maestro
- una puerta
- unas estanterías
- unos libros
- una computadora
- unos alumnos
- unas mesas
- unas sillas

b Tapa las palabras. ¿Cuántas sabes?
Cover the words. How many do you know?

c Escucha a María, Pedro y Elena. ¿Qué hay en su clase?
Listen to María, Pedro and Elena. What is in their class?

> **Caja de gramática**
>
> SINGULAR | PLURAL
> --- | ---
> Hay una mesa. | Hay (unas) mesas / Hay ocho mesas.
> There is a desk. | There are (some) desks / There are eight desks.
> Hay un maestro. | Hay (unos) niños / Hay seis niños.
> There is a teacher. | There are (some) children. / There are six children.
>
> For the plural of words ending in **o** and **a**, add **s**.
> For the plural of words ending in **r** and **n**, add **es** (marcador-es).

2a Di o escribe las diferencias entre las clases.

Say or write the differences between the classrooms.

Ejemplo: En la clase A hay dos pizarras; en la clase B hay una pizarras.

A

una pizarra

B

b ¿Qué hay en tu clase? Escribe una lista.

What is there in your classroom? Write a list.

Ejemplo: A: ¿Qué hay en la clase? **B:** Hay ocho sillas.

Mi familia

Vamos a hablar de la familia

Let's talk about the family

 **1** Lee, escucha y repite. Read, listen and repeat.

Yo y mi familia

mi abuelo mi abuela mi mamá mi papá

mi hermano mi hermana mi gato mi perro

 **2** Une las fotos con las frases. Escucha y comprueba.

Match the photos with the phrases. Listen and check.

1  2  3

a mi papá y mi abuelo   **b** mi abuela y yo   **c** mi hermano y mi hermana

 3a Lee y escucha. Read and listen.

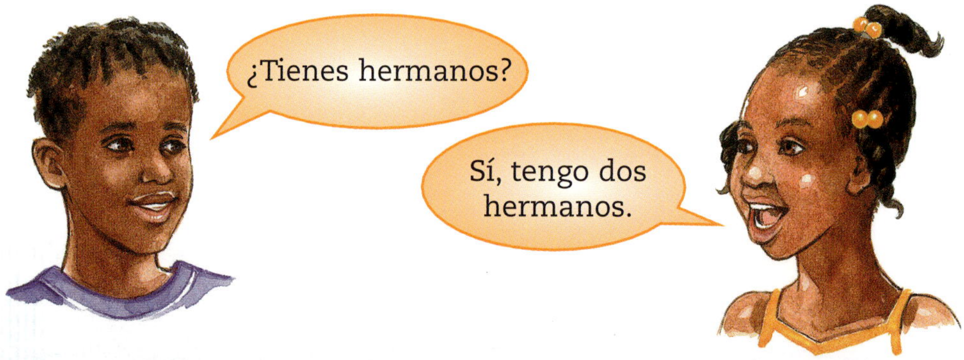

¿Tienes hermanos?

Sí, tengo dos hermanos.

b Escucha y une a los niños con los dibujos.

Listen and match the children with the pictures.

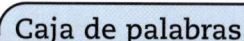

Caja de palabras

mi papá	my father	mi abuelo	my grandfather
mi mamá	my mother	mi abuela	my grandmother
mi hermano	my brother		
mi hermana	my sister		

Caja de gramática

tener to have   tengo I have   tienes you have

¿tienes …? do you have?   no tengo I don't have

10 Mis animales

Vamos a hablar de los animales
Let's talk about animals

 **1a** Une el animal con el nombre. Escucha y repite.
Join the animal with its name. Listen and repeat.
Ejemplo: 1 un conejo

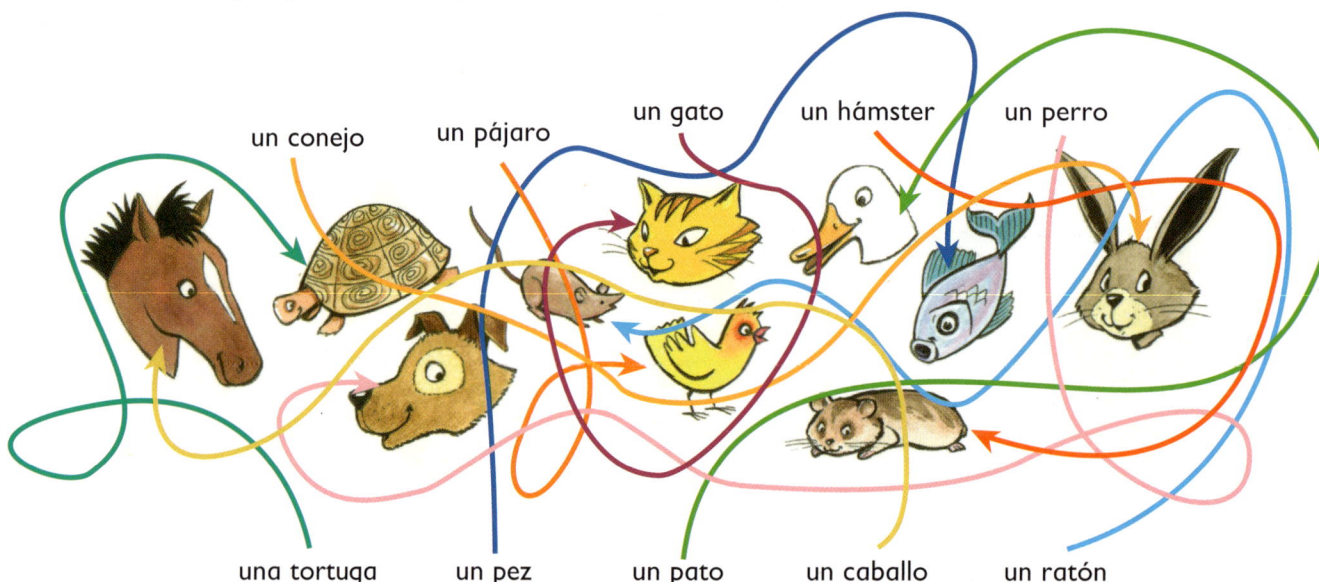

b Tapa los nombres; tu amigo/a indica un dibujo y tú dices el nombre. Cover the names; your friend points to a picture and you say the name.
Ejemplo: A: ¿Qué es? **B:** Es un perro.

> **Caja de gramática**
>
> All nouns are either masculine or feminine. Masculine nouns usually end in o (gato) and feminine nouns usually end in a (tortuga).
> To make them plural, you just add s: gatos; tortugas
> Other nouns: animal – animales; ratón – ratones;
>   pez – peces; hámster – hámsters

2a Une las fotos con las frases. Escucha y comprueba.

Match the photos with the phrases. Listen and check.

1 Tengo un perro y un gato.
2 Tengo un pájaro y dos tortugas.
3 Tengo un ratón y un pato.
4 No tengo animales.

a    b    c    d

 Caja de palabras

un caballo	a horse	un pato	a duck	un perro	a dog
un conejo	a rabbit	un pájaro	a bird	un gato	a cat
un ratón	a mouse	una tortuga	a tortoise		
un pez	a fish				

b Practica diálogos como éstos. Practise dialogues like these.

A: ¿Tienes animales?
B: Sí. Tengo dos gatos y un perro. ¿Y tú?
A: No. No tengo animales.

 3 La canción. Canta y termina las frases en tu cuaderno.

Song. Sing and finish the sentences in your exercise book.

Tengo un ____erro y tengo un gat____.
Tengo un rat____ y un con____.
Tengo un páj____ y un pez, una tort____ y un pato.
Tengo un per____ y tengo un gato.

11 Los colores

Vamos a aprender los colores
Let's learn some colours

1a Los lápices de colores. ¿Qué colores hay? Escucha y repite.
Coloured pencils. What colours are there? Listen and repeat.

b Escribe en tu cuaderno los nombres de los colores.
Write in your exercise book the names of the colours.
Ejemplo: zula = azul

zula	ranjana	amrrón
dever	grone	rialloam
joor	ormdao	sgri

2a Mira el dibujo. Une el color con su nombre.
Look at the picture on page 26. Match the colour with its name.
Ejemplo: 1 a

1 azul	**4** marrón	**7** negro	**10** blanco
2 rosa	**5** rojo	**8** gris	**11** amarillo
3 verde	**6** naranja	**9** morado	

b Haz un dibujo, colorea y escribe los nombres de los colores. Draw a picture, colour it in and write the names of the colours.

3 Escucha y lee. Listen and read.

¿Qué color te gusta?

Me gusta el azul. ¿Y tú?

Me gusta el rojo.

4 La canción.

Me gusta el rojo, me gusta el marrón.
Me gusta el amarillo, es mi color.
Me gusta el verde, me gusta el gris.
El negro y el naranja, me gustan, ¡sí!

> **Caja de gramática**
>
> ¿Qué color te gusta? What colour do you like?
> Me gusta el blanco. I like white.

12 ¿Dónde vives? Los países

Vamos a aprender los nombres de varios países
Let's learn the names of different countries

1a **Lee y escucha los nombres de unos países donde hablan español.** Read and listen to the names of some countries where they speak Spanish.

1 España
2 México
3 Cuba
4 Nicaragua
5 Colombia
6 Perú
7 Argentina

b **El maestro pregunta a los niños y niñas. Escucha y repite.**
The teacher asks the boys and girls. Listen and repeat.

2a Escucha el diálogo. Listen to the dialogue.

A: ¿Dónde vives?   **B:** Vivo en Nicaragua. ¿Y tú?   **A:** Vivo en Perú.

 b Escucha y une a los niños y niñas con sus países.

Listen and match the children with their countries.

Marta   Jorge   Fernando   Antonia   Federico   Carmen

México   Perú   España   Argentina   Colombia   Cuba

¿Sabes? Do you know?

Altogether there are 22 countries whose language is Spanish.
More than 400 million people speak Spanish as their first language.

c Pregunta a tus amigos/as. Inventa una personalidad.

Ask your friends. Invent a personality.

Ejemplo: ¿Cómo te llamas? Me llamo Celia. / ¿Dónde vives? Vivo en Cuba.

Caja de gramática

vivir to live   vivo I live   vives you live
¿Dónde vives? Where do you live?

13 Mi ciudad

Vamos a aprender algo sobre algunas capitales

Let's learn about some capital cities

1a Une las capitales con los países.

Join the capital cities with their countries.
Ejemplo: a 5

- **a** Madrid
- **b** La Habana
- **c** Ciudad de México
- **d** Buenos Aires
- **e** Bogotá
- **f** Lima
- **g** Managua

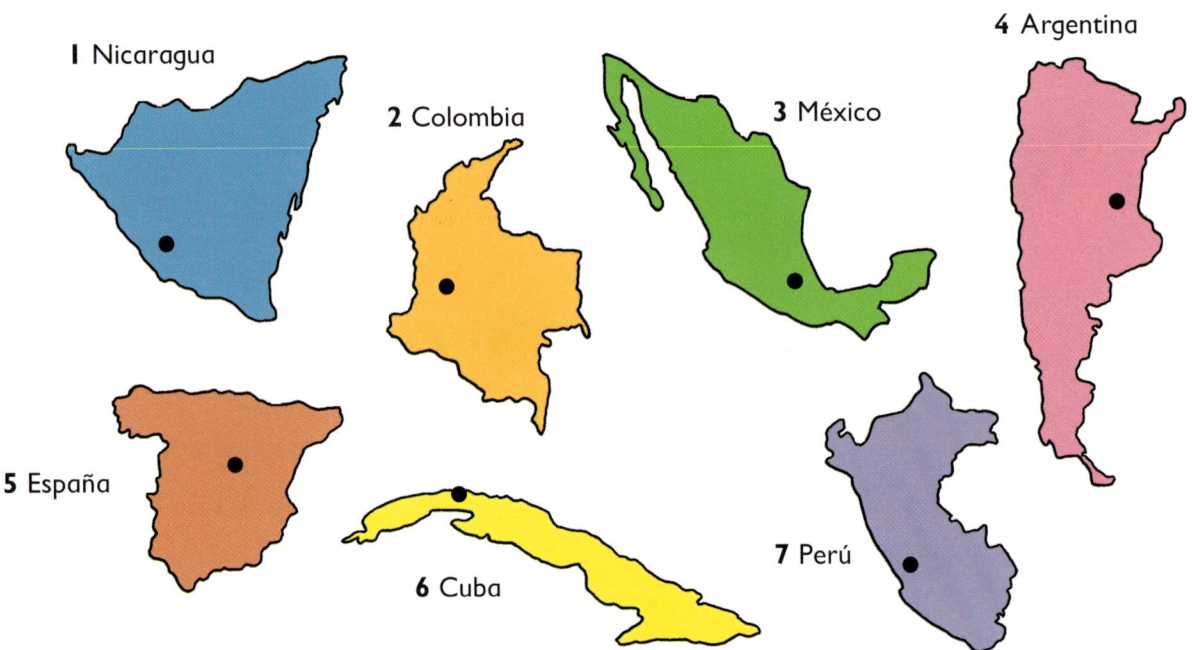

 b Escucha a los niños y a su maestra.

Listen to the children and their teacher.
Ejemplo: ¿Cuál es la capital de Argentina?
La capital de Argentina es Buenos Aires.

Lee la información siguiente.

Read the following information.

Madrid

La Habana

Ciudad de México

Bogotá

In **La Habana** you can visit a model of the city. Only New York has a bigger one. The buildings are made out of cedar wood, and the streets are made of coloured paper. Everything in the city is in the model; even the trees, the lamp-posts and the traffic lights.

You can take a day trip on a steam train from **Bogotá**. From the train you'll see typical towns, mountains and beautiful countryside. There is a band on the train playing traditional music.

Ciudad de México is the largest city in the world and is built in the same place as an old Aztec city. It also has the largest amusement park in Latin America called Six Flags México; it has the Adventure Kingdom, big roller coasters and shows.

Did you know that **Madrid** is Europe's highest city? It's on a plateau. It's hot in the summer and cold in the winter. La Cibeles is a famous monument in the centre of town. It's a big statue of a famous goddess driving a carriage pulled by lions. It's the place where people from Madrid go to celebrate special events; for example the fans of Real Madrid football club go there when their team wins a trophy.

b Busca los nombres de las capitales de otros países latinoamericanos. Find out the names of capital cities of other countries in Latin America.

14 Los animales de la selva

Vamos a aprender los nombres de más animales
Let's learn the names for more animals

1a **Escucha y repite. Lee y une la palabra con el animal.**
Read and link the word to the animal. Listen and repeat.

una araña
un cocodrilo
un elefante
un flamenco
un hipopótamo
una iguana
una jirafa

un león
un mono
un orangután
un puma
un quetzal
un rinoceronte
una serpiente

b **Tú dices una letra. Tu amigo/a indica el nombre del animal.**
Say a letter. Your friend points to the animal and says the name.
Ejemplo: L = león

 Caja de palabras

una araña	a spider	un mono	a monkey
un flamenco	a flamingo	un rinoceronte	a rhinoceros
una jirafa	a giraffe	una serpiente	a snake
un león	a lion	la moneda	the currency

32

> **¿Sabes?** Do you know?
>
> **El Quetzal**
> El quetzal es un pájaro que vive en Guatemala. Es de color verde, rojo, blanco y azul. Es el símbolo de Guatemala y es el nombre de la moneda del país.

2 Pregunta a tu amigo/a.
Luego escucha. Ask your friend. Then listen.

Ejemplo: A: ¿De qué color es el cocodrilo? **B:** Verde.

> **Caja de gramática**
>
> Colours ending in **o** in the masculine change to **a** in the feminine to match the word they describe.
>
> | MASCULINO | FEMENINO |
> |---|---|
> | rojo | roja |
> | **El** pájaro **rojo** | **La** serpiente **roja** |
>
> Others stay the same: rosa, verde, marrón, gris.

3 Escucha y haz diálogos similares con tu amigo/a.

Listen and make similar dialogues with your friend.

A: ¿Qué animal tienes?
B: Tengo un gato.
A: ¿De qué color es el gato?
B: Es blanco y negro.

15 ¿Cuántos años tienes?
Más números

Vamos a aprender a decir cuántos años tienes

Let's learn how to say how old you are

1a Escucha, lee y repite la conversación.

Listen to, read and repeat the conversation.

b ¿Y tú? ¿Cuántos años tienes? Pregunta a tus amigos/as.

And you? How old are you? Ask your friends.

> **Caja de gramática**
>
> ¿Cuántos años tienes? How old are you?
> Tengo nueve años. I'm nine.

c Copia y completa. Copy and complete.

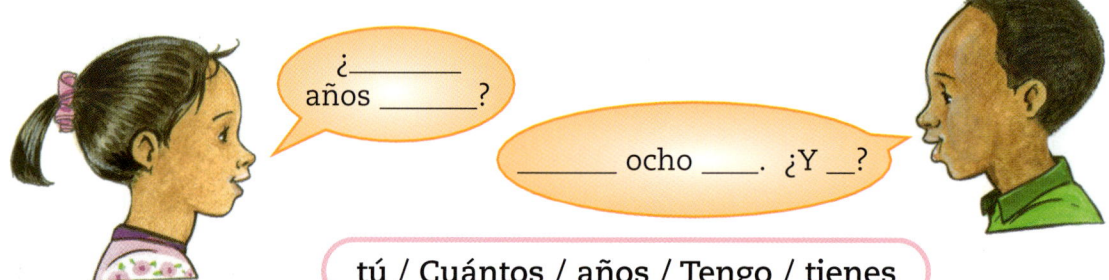

¿____ años ____?

____ ocho ____. ¿Y __?

tú / Cuántos / años / Tengo / tienes

2a Más números. Escucha y repite los números del 10 al 20.

More numbers. Listen to and repeat numbers 10 to 20.

10 diez
11 once
12 doce
13 trece
14 catorce
15 quince
16 dieciséis
17 diecisiete
18 dieciocho
19 diecinueve
20 veinte

 b Une los números con las palabras. Copia en orden en tu cuaderno. Join the numbers with the words. Copy them in the right order in your exercise book.

Ejemplo: doce 12

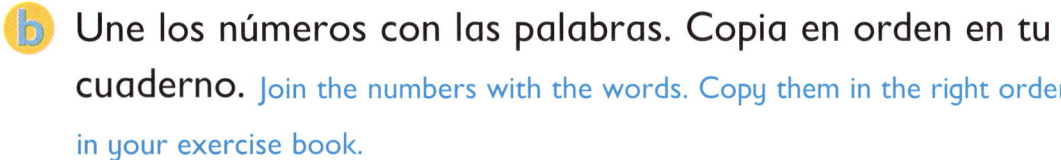

diecinueve	dieciséis	16	20	15
trece	diecisiete	18	14	**12**
quince	veinte	19	13	17
catorce	**doce**			
dieciocho				

 c Escucha y marca tres números en cada cuadro.

Listen and put a circle round three numbers in each box.

a
12 15 13
20 11 10

b
14 16 18
19 11 17

c
15 18 12
19 13 10

d
20 16 17
14 15 10

 3 Lee y copia en orden los números del 21 al 31. Escucha y comprueba. Read and copy numbers 21–31 in order. Listen and check.

veintitrés   veintisiete   veintiuno   veintiocho   treinta y uno
veinticinco   veintiséis   veintinueve   treinta   veinticuatro   veintidós

16 ¿Qué día es hoy?

 Vamos a decir los días de la semana
Let's say the days of the week

 **1a** Escucha y repite. *Listen and repeat.*

lunes, martes, miércoles, jueves, viernes

sábado, domingo

 b Descubre y copia los días secretos.

Find and copy the names of the 'secret' days.

	1	2	3
a	NES	VIER	CO
b	LES	TES	DO
c	GO	XXXXXX	JUE
d	VES	LU	BA
e	DO	MIÉR	MIN
f	MAR	SÁ	NES

2d 1a   LU + NES = LUNES
1f 2b   _____ _____
2e 3a 1b   _____ _____ _____
3c 1d   _____ _____
2a 3f   _____ _____
2f 3d 1e   _____ _____ _____
3b 3e 1c   _____ _____ _____

 c Une las dos partes y pon en orden los días.

Match the two halves and put the days into the right order.

LUN	MAR	MIÉR	JUE	VIER	SÁB	DOM
INGO	VES	NES	TES	ADO	COLES	ES

2a ¿Qué día es hoy? Escucha y repite.

What day is it today? Listen and repeat.

¿Qué día es hoy?

Hoy es viernes.

b Escucha y une el día con la fecha.

Listen and join the day with the date.

LUNES   MARTES   MIÉRCOLES   JUEVES   VIERNES   SÁBADO   DOMINGO

11   21   17   15   19   28   30

c Tú dices un día y una fecha. Tu amigo/a indica.

You say a day and a date. Your friend points to the date.
Ejemplo: lunes 21

AGOSTO

lunes	martes	miércoles	jueves	viernes	sábado	domingo
	1	2	3	4	5	6
7	8	9	10	11	12	13
14	15	16	17	18	19	20
21	22	23	24	25	26	27
28	29	30	31			

d En tu cuaderno escribe los días escritos en color diferente.

In your exercise book write down the days that are in different colours.
Ejemplo: Hoy es miércoles, veintitrés.

3 La canción.

lunes, martes, miércoles,
día de escuela es
jueves y viernes también
sábado y domingo
fiesta es.

17 ¡Feliz cumpleaños!

Vamos a hablar de los meses y de los cumpleaños
Let's talk about months and birthdays

1a Los meses. Lee, escucha y repite.
The months. Read, listen and repeat.

enero   febrero   marzo   abril   mayo   junio   julio   agosto   septiembre   octubre   noviembre   diciembre

b ¿Qué mes es? Completa y después pon en orden los meses.
What month is it? Complete and then put the months in order.

1 M _ R Z _
2 _ E B _ E _ O
3 _ C _ U B _ E
4 _ U L _ _
5 _ I _ I E _ _ R _
6 A _ _ S _ O
7 _ N _ R _
8 _ E _ _ I _ M _ _ E
9 _ A _ _
10 J _ N _ _
11 N _ _ _ E M _ _ E
12 _ B R _ _

2a Lee, escucha y repite el diálogo.
Read, listen to and repeat the dialogue.

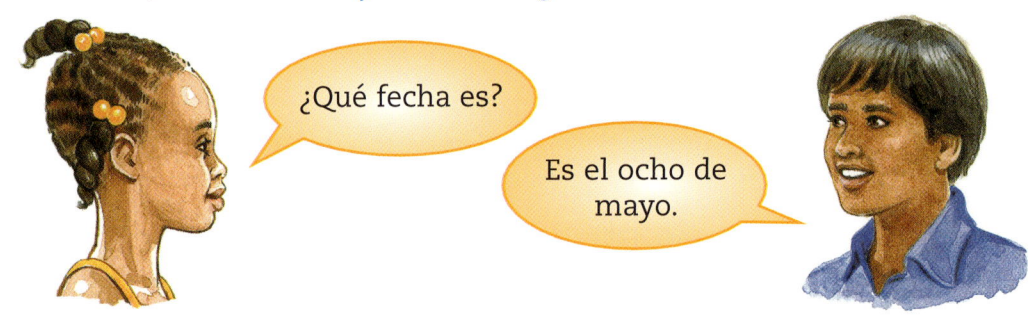

¿Qué fecha es?

Es el ocho de mayo.

b Escucha y une el día con el mes para formar la fecha.
Listen and match the day with the month to make the date.
Ejemplo: Es el veintidós de abril.

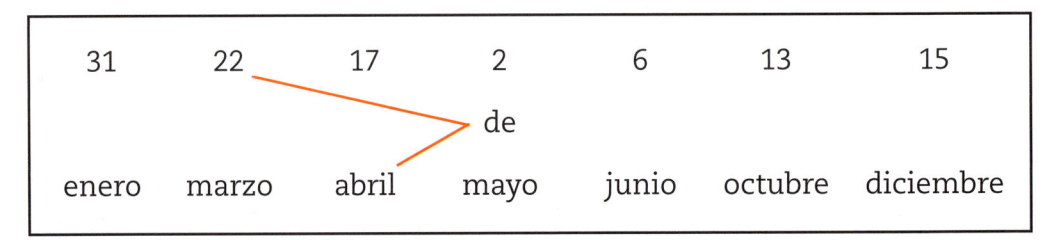

31	22	17	2	6	13	15
		de				
enero	marzo	abril	mayo	junio	octubre	diciembre

3a Lee, escucha y repite el diálogo.

Read, listen to and repeat the dialogue.

A: ¿Cuándo es tu cumpleaños?
B: Mi cumpleaños es el ocho de mayo.

b Escucha e indica los cumpleaños de los niños y las niñas.

Listen and point to each child's birthday.

El 25 de diciembre

El 27 de diciembre

El 14 de julio

El 17 de mayo

El 20 de junio

Luis
Ana
Isabel
Toni
José

4 La canción. Canta la canción de cumpleaños.

Song. Sing the birthday song.

Cumpleaños feliz
Cumpleaños feliz
Te deseamos todos
Cumpleaños feliz.

Caja de gramática

Es el ocho de mayo. It is the eighth of May.
Days and months have small first letters in Spanish: domingo = Sunday; mayo = May
¿Cuándo es tu cumpleaños? When is your birthday?
Mi cumpleaños es el dos de abril. My birthday is on the second of April.

18 ¡Me gusta el chocolate!

Vamos a hablar de comida y bebida
Let's talk about food and drink

1 Mira la mesa de cumpleaños. Lee, escucha y repite.
Look at the birthday table. Read, listen and repeat.

el refresco   la limonada   el agua   la leche   el jugo
la galleta   el helado   la torta   el caramelo   el chocolate

2a Lee, escucha y repite. Read, listen and repeat.

Me gusta la leche.
Me gusta el chocolate.
¡No me gusta el agua!

Caja de gramática

Me gusta I like   Te gusta You like   No me gusta I don't like
¿Te gusta el chocolate? Do you like chocolate?
Sí, me gusta el chocolate. Yes, I like chocolate.
No, no me gusta el chocolate. No, I don't like chocolate.

b Escucha. Une las frases con los dibujos.

Listen. Link the sentences to the pictures.

1. Me gusta el helado.
2. No me gusta la leche.
3. No me gusta la galleta.
4. Me gusta la limonada.
5. Me gusta la torta.
6. No me gusta el caramelo.
7. No me gusta el refresco.
8. Me gusta el jugo.
9. Me gusta el chocolate.

c Tu amigo/a indica un dibujo de 2b. Tú dices qué es.

Your friend points at a picture from 2b. You say what it is.

Me gusta el jugo.

d ¿Qué te gusta y qué no te gusta? What do you like and what don't you like? Write three things with *me gusta* and three with *no me gusta*; tell your friend.

3 La canción. Copia y termina las palabras. Canta.

Song. Copy and finish the words. Sing.

Me gusta el choco____. Me gusta la tor____.
Me gusta el he____ y el jugo también.
Me gusta la le____. Me gusta el cara____.
Me gusta el re____. ¡Qué bueno! ¡Qué bueno!

19 Mi ropa favorita

Vamos a hablar de ropa
Let's talk about clothes

1a Mira el escaparate. Une la ropa con el nombre.
Look at the shop window. Join the clothes to the names.

una falda   unos zapatos   una chaqueta   unos pantalones cortos

unos pantalones   una camiseta   una camisa   un suéter   un vestido

b Escucha y repite. Listen and repeat.

c Tapa las palabras y pregunta a tu amigo.
Cover the words and ask your friend.

¿Qué es?

Es una falda.

2a Escucha e indica. Listen and point.

a   b   c   d

b Busca la ropa. Find the clothes.

(Use the clues on the right if you need to.)

	1	2	3	4	5
A	cha	da	ca	tos	ves
B	sa	ti	XXX	pan	mi
C	se	nes	que	ca	mi
D	do	ta	ta	sué	ta
E	pa	ter	fal	lo	za

Claves / Clues
1. 1A, C3, D5
2. 3A, 5B, 1C, 3D
3. 5A, 2B, 1D
4. 4B, 2D, 4E, 2C
5. 4C, 5C, 1B
6. 4D, 2E
7. 3E, 2A
8. 5E, 1E, 4A

3 ¿Qué ropa llevas al colegio? ¿Llevas uniforme? Descríbelo.

What clothes do you wear to school? Do you wear a uniform? Describe it.

Ejemplo: Llevo una falda azul y una blusa blanca.

Repaso

Vamos a practicar nuestro español
Let's practise our Spanish.

1 Lee las preguntas y elige la respuesta. Escucha y comprueba. Read the questions and choose the answers. Listen and check.

1 ¿Cómo te llamas?
2 ¿Cómo estás?
3 ¿Tienes hermanos?
4 ¿Dónde vives?
5 ¿Cuántos años tienes?
6 ¿Cuándo es tu cumpleaños?

a Bien, gracias.
b Me llamo María.
c Vivo en Guatemala.
d El 24 de octubre.
e Sí, tengo dos hermanos.
f Tengo once años.

2a Escucha y escribe el número. Listen and write the number.
Ejemplo: trece = 13

b Matemáticas. Copia y después escribe las respuestas en palabras.
Mathematics. Copy and then write the answers in words.
Ejemplo: 5 + 20 − 2 = veintitrés

1 4 × 5 =
2 30 − 10 + 5 =
3 9 × 2 + 1 =
4 18 − 10 × 2 =
5 5 + 3 + 4 =
6 9 − 4 × 2 =

× por
+ más
− menos

3a ¿Qué palabra es diferente? Find the odd word.

1 chocolate / helado / torta / camiseta
2 amarillo / gato / verde / azul
3 camisa / pantalón / galleta / falda
4 rojo / pájaro / jirafa / serpiente

b Copia y completa la ficha para cada niño.
Copy and complete the form for each child.

	Isabel	Luis	José	Ana
Color				
Comida / Bebida				
Ropa				
Animal				

4 Los trabalenguas. Tongue twisters.

Mi mamá me mima. Mi mamá me ama. Amo a mi mamá.
My mum spoils me. My mum loves me. I love my mum.

Tres tristes tigres tragan trigo en un trigal.
Three sad tigers swallow wheat in a wheat field.

21 ¡Fiestas!

Vamos a aprender algo sobre fiestas famosas
Let's learn about some famous festivals

ENERO
El 1 de enero: Año Nuevo New Year
New Year's Day.

El 6 de enero: Día de Reyes
The Day of the Kings
Regalos para los niños
Gifts for the children.
In Spain, the three kings, called Melchior, Caspar and Balthazar, bring gifts to the children.

FEBRERO
El Carnaval Carnival
Fiesta famosa con música y baile. A famous festival with music and dance. Carnival is famous all over the world, especially in Latin America. The most famous ones are in **Brasil, México, Colombia** and **Puerto Rico**. They are very noisy and very colourful. Everybody dances and celebrates in the street.

MARZO / ABRIL
Semana Santa Easter
Procesiones religiosas por las calles.
Religious processions in the streets.

OCTUBRE

El 12 de octubre: Día de la Hispanidad Hispanic Day

Para celebrar la llegada de Cristóbal Colón a América en 1492. To celebrate Christopher Columbus' arrival in America in 1492.

NOVIEMBRE

El 1 y 2 de noviembre: Día de los Muertos Day of the Dead

En México, los muertos vuelven a la tierra para visitar a sus familias. In Mexico the dead return to earth to visit their families.

DICIEMBRE

Navidad Christmas

People celebrate Christmas Day all over the world. These are the names for some of the celebrations around Christmas.

El 24 de diciembre: Noche Buena (literally, 'Good Night')

Christmas Eve. People celebrate with a big dinner with the family. Many people go to church at midnight.

El 25 de diciembre: Día de Navidad Christmas Day

El 28 de diciembre: Día de los Santos Inocentes Innocents' Day

On this day, people play tricks on each other just like on April Fools' Day (1 April).

El 31 de diciembre: Noche Vieja (literally, 'Old Night')

New Year's Eve. At midnight, as the clock chimes, everyone eats one grape per chime to bring them luck and health for the coming year.

Word List

A

el abecedario	alphabet
abril	April
abrir	to open
la abuela	grandmother
el abuelo	grandfather
¡adiós!	goodbye!
el alumno	pupil (boy)
la alumna	pupil (girl)
África	Africa
agosto	August
el agua	water
amarillo	yellow
América	America
la amiga	friend (girl)
el amigo	friend (boy)
el animal	animal
el año	year
la araña	spider
Argentina	Argentina
Asia	Asia
azul	blue

B

la bebida	drink
bien	well
blanco	white
el bolígrafo	ballpoint pen
buenas noches	goodnight
buenas tardes	good afternoon / evening
buenos días	good morning

C

el caballo	horse
la camisa	shirt
la camiseta	T-shirt
la canción	song
la capital	capital (city)
el caramelo	sweet
catorce	fourteen
cierra (el libro)	close (the book)
la chaqueta	jacket
el chocolate	chocolate
la ciudad	city
la clase	class
el cocodrilo	crocodile
el colegio	school
Colombia	Columbia
el color	colour
la comida	food, lunch
¿cómo estás?	how are you?
¿cómo te llamas?	what's your name?
la computadora	computer
el conejo	rabbit
la conversación	conversation
el cuaderno	exercise book
¿cuál es?	which is…?
¿cuánto/a/os/as?	how much? / how many?
¿cuántos años tienes?	how old are you?
Cuba	Cuba
el cumpleaños	birthday

D

di	say
el día	day
diciembre	December
diez	ten
doce	twelve
domingo	Sunday
¿dónde?	where?
¿dónde vives?	where do you live?

E

el elefante	elephant
enero	January
es	he/she/it is
escribe	write
escucha	listen
la escuela	school
España	Spain
español	Spanish
las estanterías	shelves

F

la falda	skirt
la familia	family
febrero	February
la fecha	date
¡feliz cumpleaños!	happy birthday!
la fiesta	party, festival
el flamenco	flamingo
la foto	photo

G

la galleta	biscuit
el gato	cat
la goma	rubber, eraser
gracias	thanks
gris	grey
gustar	to please

H

habla	speak
el hámster	hamster
hay	there is / there are
el helado	ice cream
la hermana	sister
el hermano	brother
el hipopótamo	hippopotamus
¡hola!	hello!
el hospital	hospital
hoy	today

I

la iguana	iguana
las instrucciones	instructions

J

la jirafa	giraffe
jueves	Thursday
el jugo	juice
julio	July
junio	June